Christoph Willibald Gluck, Alfred Dörffel

Opern von Chr. Gluck um Klavierauszug mit Text nach der

Originalpartitur bearbeitet

Christoph Willibald Gluck, Alfred Dörffel

Opern von Chr. Gluck um Klavierauszug mit Text nach der Originalpartitur bearbeitet

ISBN/EAN: 9783743359307

Hergestellt in Europa, USA, Kanada, Australien, Japan

Cover: Foto ©Thomas Meinert / pixelio.de

Manufactured and distributed by brebook publishing software (www.brebook.com)

Christoph Willibald Gluck, Alfred Dörffel

Opern von Chr. Gluck um Klavierauszug mit Text nach der

Originalpartitur bearbeitet

OPERN
von
Chr. Gluck
im
Klavierauszuge
mit Text

nach der Original-Partitur bearbeitet.

Orpheus.
Alceste.
Paris und Helena.
Jphigenie in Aulis.
Armida.
Jphigenie auf Tauris.

Bearbeitung Eigenthum des Verlegers.

LEIPZIG u. BERLIN,
C.F. PETERS, BUREAU DE MUSIQUE.

Vorbemerkung.

Von Gluck's „Orpheus und Eurydice" existiren aus der Zeit des Componisten zwei verschiedene Partiturausgaben im Druck: die auf den ursprüglich italienischen Text von Calzabigi verfasste, sogenannte italienische Partitur (1764), und die auf Grund des von Moline bearbeiteten französischen Textes umgeänderte, sogenannte französische Partitur (1774). In letzterer finden sich mehrere Nummern ganz neu hinzucomponirt, die Recitative durchgängig wesentlich umgestaltet, die früher vorhandenen Nummern aber mehr oder weniger mit Aenderungen versehen, die leicht als Verbesserungen zu erkennen sind. Diese Partitur würde demnach, als den letzten Willen des Componisten in Bezug auf dramatische und musikalische Gestaltung des Ganzen beurkundend, alleinige Geltung vor der italienischen Partitur zu beanspruchen haben, wenn in ihr die Hauptpartie des Orpheus nicht zugleich für den Tenor umgesetzt worden und somit die ursprüngliche Conception derselben, welche sich auf die Altstimme gründet, verloren gegangen wäre, ein Umstand, der beim Vergleich beider Partituren wiederum der italienischen den Vorzug einräumt.

In der von mir (bei Gustav Heinze in Leipzig) neu herausgegebenen Partitur, mit welcher der gegenwärtige Clavierauszug überall conform geht, sind jene beiden Partituren gleichsam zu einer einzigen zusammengeschmolzen worden. Die Orpheus-Partie ist in ihrer primitiven Wesenheit belassen, die später zugesetzten Nummern sind in sie aufgenommen und alle Verbesserungen mit sorgfältig kritischer Prüfung berücksichtigt worden, so dass nunmehr das Ganze so erscheint, wie es Gluck jedenfalls selbst als endgültig hingestellt haben würde, wenn er durch die Verhältnisse seiner Zeit (es gab damals an der Pariser Oper keine Contra-Altstimme) nicht veranlasst worden wäre, die Altpartie in genannter Weise umzusetzen.

Die Arie No 17, welche den ersten Act beschliesst, stammt von Bertoni. In ursprünglicher Weise erfolgt der Actschluss durch das im Anhange unter I. mitgetheilte Nachspiel, welches sich unmittelbar an das Recitativ des Orpheus (No 16) anschliesst. Das im Anhange unter II. befindliche Ballet ist das einzige Stück, welches Gluck bei der Umarbeitung seiner Partitur gänzlich unberücksichtigt liess. Es gehörte zu den Balletstücken des dritten Actes und ist der Vollständigkeit wegen hier gleichfalls mitgetheilt worden.

Alfred Dörffel.

Verlag von C. F. Peters, Bureau de Musique in Leipzig u. Berlin.
(Mit Genehmigung des Verlegers der Partitur Herrn Gustav Heinze in Leipzig.)

4540

ORPHEUS.

Personen.	Personnages.	Personaggi.
Orpheus Alt.	**Orphée** Contralto.	**Orfeo** Alto.
Euridice Sopran.	**Euridice** Soprano.	**Euridice** Soprano.
Amor Sopran.	**L'Amour** Soprano.	**Amore** Soprano.
Chor.	**Choeur.**	**Coro.**
a) Hirten und Hirtinnen.	a) Pasteurs et Nymphes.	a) Pastori e Ninfe.
b) Furien u. Höllengeister.	b) Furies et Démons.	b) Furie e Spettri nell'inferno.
c) Selige Geister.	c) Ombres heureuses.	c) Eroi ed Eroine negli Elisi.

INDEX.

4540

ORPHEUS
Oper von Gluck.

OUVERTURE.

Klavier-Auszug von A. Dörffel.

Act I.
1. Chor.

2. Recitativ.

Orpheus.

O Freun_de, die _ses Kla_gen ver_mehrt nur mei _ ne
*Fos plain_tes, cos re _ grets aug_ men _ tent mon sup_*
A _ mi _ ci, quel la _ men _ to ag _ gra _ va il mio do_

Lei _ den! Den hei _ li _ gen Ma _ nen Eu _ ri _ di _ cens bringt
*pli _ ce! Aux ma _ nes sa _ crés d'Eu _ ri _ di _ ce ren_*
lo _ re. All' om _ bre pie _ to _ se d'Eu _ ri _ di _ ee ren_

nun das letz _ te Tod_ten _ o _ pfer, und streu_et Blu_men auf ihr Grab.
des les su _ pré _ mes hon _ neurs, et courez son tom _ beau de fleurs.
de _ te gli ul _ ti _ mi o _ no _ ri, e il mar_mo in ghir_lan _ da _ te.

3. Pantomime.

Lento.

4. Chor.

Lento.

Soprano.
O wenn in die _ sen dun _ keln Hai _ nen, Eu _ ri _

Alto.
Ah! dans ce bois lu _ gubre et som _ bre, Eu _ ri _

Tenore.
Ah! se in _ tor _ no a quest' ur _ na fu _ ne _ sta, Eu _ ri _

Basso.
O wenn in die _ sen dun _ keln Hai _ nen, Eu _ ri _

Lento.

sotto voce

di _ ce, noch dein Schat _ ten um dein ö _ des Grabmal

di _ ce, si ton om _ bre, si ton om _ bre nous en _

di _ ce, om _ bra bel _ la, om _ bra bel _ la, t'ag _

di _ ce, noch dein Schat _ ten um dein ö _ des Grabmal

5. Recitativ.

Orpheus.

Lasst mich al _ lein! Dies Grab ist mei _ nem Schmerze
E _ loi _ gnez _ vous; ce lieu con _ vient à ma dou _
La _ scia _ te _ mi! quel luo _ go con _ vien al mio do _

hei _ lig, und Kei _ ner sei mit mir als nur mein Kum _ mer.
leur, et je veux sans té _ moins y ré _ pandre des pleurs.
lo _ re, e re _ star vo _ glio so _ lo ed mio pian _ to.

6. Ritornell.

Lento.

p

poco a poco dim.

pp

7. Arie.

Andantino.
Orpheus.

So klag'ich ih _ ren Tod dem frühen Mor _ gen _ roth,
Objet de mon a _ mour, je te de _ mande au jour
Chiamo il mio ben co _ sì, quando si mo _ stra il dì,

f p f p

dem A_bend _ schim _ mer, dem A _ bend schim _ mer;
a_zant l'au _ ro _ re, a _ _ tant l'au _ ro _ re; Echo.
quando s'a _ scon _ de, quan _ do s'a _ scon _ de.

G

doch sie, des Or _ kus Raub, bei meinem Ru _ fen
et quand le jour s'en _ fuit, ma voix pen _ dant la
Ma, oh va _ no mio do _ lor! L'I_do_lo del mio

taub, antwortet nim _ mer, ant _ wor _ tet nim _ mer,
nuit l'appelle en _ co _ re, t'ap_pelle en _ co _ _ re; Echo.
cor non mi ri _ spon _ de, non mi ri _ spon _ de.

ant _ wor _ tet nim _ mer.
t'ap _ pelle en _ co _ _ _ re.
non mi ri _ spon _ _ de.

Echo.

8. Recitativ.

Orpheus.

Eu _ ri _ di _ ce, Eu _ ri _ di _ ce!
Eu _ ri _ di _ ce, Eu _ ri _ di _ ce, Echo.
Ku _ ri _ di _ ce, Ku _ ri _ di _ ce,

theurer Schatten! ach, wo
om _ bre chè _ re, ah! dans quels
om _ bra ca _ ra, ah! do _ ve

4540

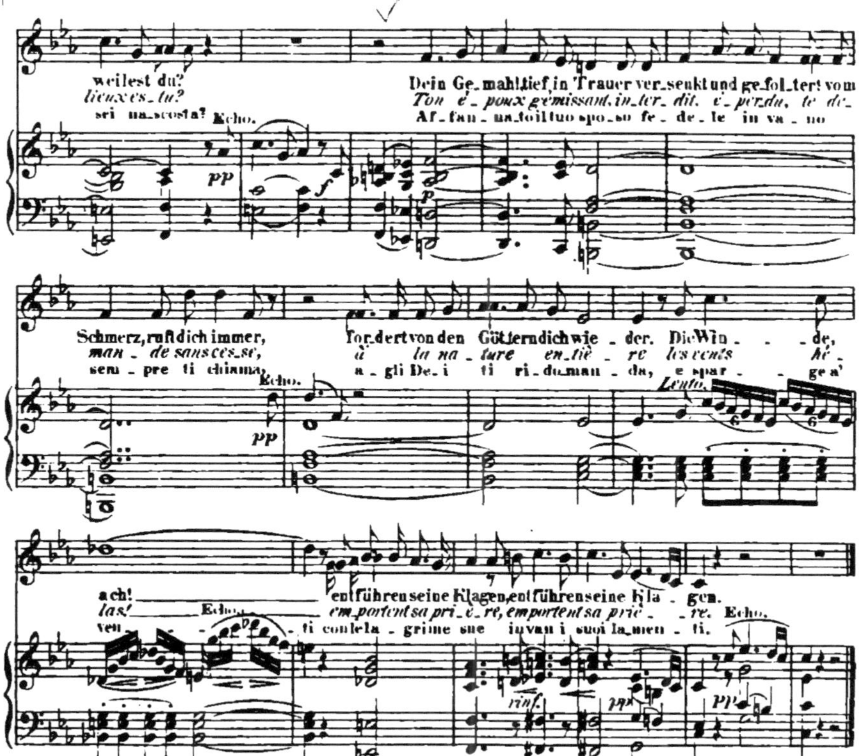
weilest du?
lieux es_tu?
sei na_scosta?
Echo.
pp
f
p
Dein Ge_mahl tief in Trauer ver_senkt und ge_fol_tert vom
Ton é_poux gémissant, in_ter_dit, é_per_du, te de_
Af_fan_na_to il tuo spo_so fe_de_le in va_no
Schmerz, ruft dich immer, for_dert von den Göttern dich wie_der. Die Win_ _ _de,
man_de sans ces_se, à la na_ture en_tiè_re les vents ré_
sem_pre ti chiama, a gli De_i ti ri_du_man_da, e spar_ _ge a'
Echo.
pp
Lento.
ach! entführen seine Klagen, entführen seine Kla_gen.
las! em_portent sa pri_è_re, emportent sa priè_re.
ven_ _ _ti con le la_grime sue in van i suoi la_men_ti.
Echo.
Echo.
rinf.
pp
pp

9. Arie.

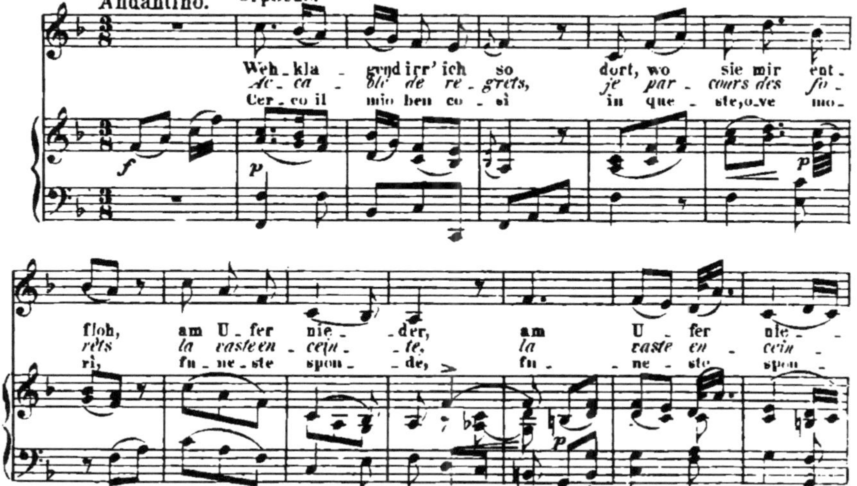
Andantino.
Orpheus.
Weh_kla_gend irr' ich so dort, wo sie mir ent_
Ac_ca_blé de re_grets, je par_cours des fo_
Cer_co il mio ben co_sì in que_ste, o_ve mo_
f
p
p
floh, am U_fer nie_der, am U_fer nie_
rêts la vaste en_cein_te, la vaste en_cein_
ri, fu_ne_ste spon_de, fu_ne_ste spon_
p

Thal ken_net ihn; in ent _ laub _ te Stämme, in die Rin_de jun_ger Ei_chen grub
troncs dé_pouillés, *sur le_ cor_ce_nais_san _ te on lit ce mot gravé par*
val_ le ri_suo_na, in o _ gni tron_co scrisse il mi _ se _ ro Or_fe _ o di

Ped.

mei_ne Hand ihn zitternd. Euri _ di_ce ist nicht mehr, ach! und ich le _ be
u _ ne main trem_blante. *Euri _ di _ ce n'est plus, et je re_spire en*
nu_mo tre _ mo _ lan_te. Echo. Euri_di_ce non è più, ed io vivo an_

Ped.+ Ped.+

noch! Göt_ter, gebt Le_ben ihr wieder, sonst gebt auch mir den Tod!
cor. *Dieux, rendez _ lui la vi _ e, ou don_nez_moi la mort!*
co_ra. Dei, da_te _ le nuo_va vi _ ta, o uc _ ci _ de_te _ mi! Echo.

pp

Andantino. Orpheus.

11. Arie.

Mein trü _ bes Au_ge weint früh, wenn der Tag er_
Plein de trouble et d'ef_froi, que de maux loin de
Pian_go il mio ben co _ sì, se il so_le in _ do _ ra il

f *p* *p*

scheint, spät, wenn er schwin _ det, spät, wenn er schwin_
*toi, mon coeur en du _ re, mon coeur en du_*
dì, se va nell' on _ de, se va nell' on_

4540.

12. Recitativ.

Orpheus.

Grau_sa_me Göt_ter A_che_rons, des Reichs der Schat_ten,
Di_vi_ni_tés de l'A_ché_ron, mi_ni_stres re_dou_
Voi del re_gno del le om_bre te_mu_ti reg_gi_

ihr, die ihr herrschet mit Schre_cken, dienstbar Plu_tos Macht_ge_bo_te,
tes de l'im_pi_re des om_bres, vous qui dans les de_meu_res som_bres
torz, cru_di Dei d'a_ver_no, fi_di ser_vi del du_ro Plu_to;

die ihr be_gie_rig sei_ne Be_feh_le er_füllt, die nichts erweicht und
fai_tes e_xé_cu_ter les ar_rêts de Plu_ton, vous que n'at_ten_drit
voi cha_vi_di_se_gui_te gli or_di_ni suoi, voi che non com_

rührt, nicht die Ju_gend, nicht die Schön_heit; ihr habt mir
point la beau_té, la jeu_nes_se; vous ma_rez en_le
mo_ve nè vir_tu_de nè bel_lez_za; mi ra_pi_ste la
ten.

raubt die zärt_lich treu_e Gat_tin, o welch har_tes Ge_schick! Nicht
ré lob_jet de ma ten_dres_se, oh cru_el sou_ve_nir! Eh
mia di_let_ta con_sor_te, oh me_mo_ria cru_del! Non

sie, im Zau_ber hol_der Ju_gend, verschon_te eu_re Hand voll Mord_ und Raubbe_
quoi! les grâ_ces de son â_ge du sort le plus af_freux n'ont pu la ga_ran
le in_can_te_vo_li gra_zie la li_be_ra_ro no da sor_te tant'

4540

К

gier? Unerbittliche Ty_rannen! Ich for_dre sie zu_rück!
tir? Impla_ca_bles ty_rans, je veuxvous la ra_vir.
aspra? Impla_ca_bi_li⁴ ti_ran_ni! La ri_vo_glio da voi!

Ja, ich stei_ge hinab zu des Or_kus Gestaden; meine Klagen, meine Thränen sollen
Je saurai pé_né_trer jusqu'au sombre ri_va_ge, mes ac_cens douloureux flé_chi_
Io sa_prò pe_ne_trar nell'o_scu_ro in_fer_no; il do_ler mio, il mio pianto vince_

beu_gen eu_ren Grimm; kühn mit eu_rer Wuth mich zu mes_sen, fühl'ich
ront vos ri_gueurs; je me sens as_sez de cou_ra_ge pour bra_
ran_no li_ra vostra; Io sde_guo vo_stro a com_bat_ter, ai ba_

Amor.

Kraft, fühl'ich Muth ge_nug! Gott A_mor kommt zum Trost dem ver_zweifelnden Gat_ten.
ver tou_tes vos fureurs! L'a_mour vient au se_cours de l'a_mant le plus ten_dre.
stan for_za e valor! A_mor ras_si_ste_rà l'infe_li_ce ma_ri_to.

Ver_trau_e mir, denn Zeus hat dein Schick_sal ge_rührt. Zum Reich des
Ras_su_re_toi, les dieux sont tou_chés de ton sort. Dans les en_
Cre_di_a_me, di te sen_te Gio_ve pie_tà. Tu puoi di_

Orkus darfst du ge - hen; dort siehst du Eu-ri-di-ce im stil-len Reich der Schatten.
fers tu peux te rendre; *en trouver Eu-ri-di-ce* *au sé-jour de la mort.*
scen-der nell' in-fer-no; Là nel re-gno de'mor-ti ve-dra-i Eu-ri-di-ce.

Allegretto.
Amor.

13. Arie.

Dei - nes Sai-ten-spiels Harmo - ni - en stim - me dort
Si les doux ac - cords *de ta ly - re,* *si les ac -*
Dal - la ce-tra tua dol-ci tuo - i ar - mo - ni -

an ___ mit milder Gluth; be - zähmst ___ du der Ty - ran-nen ent-setz-li-che
cents ___ mé-lo-di - eux; *ap - pai - sent la fu - reur des ty-rans de ces*
ci ___ fa-ri-so-nar; con - lor ___ tu do-me - rai dei ti-ran-ni il fu -

Wuth, ___ wirst du aus je - nem Reich mit ihr in Frieden
heux, ___ *tu la ra-mè - ne - ras* *du té-nébreux em -*
ror; ___ cer-to u-n-sci-rai con lei da quello spa-zio in

zie - hen, wirst du aus je - nem Reich mit ihr in Frieden
pi - re, *tu la ra-mè - ne - ras* *du té-nébreux em -*
pa - ce, cer-to u-n-sci-rai con lei da quello spa-zio in

Orpheus.   L'Amor.

zie _____ hen. Wie, ich soll sie wiedersehn? Dei_ nes Sai_ten spiels _____ Harmo_
pi _____ re. Dieux! je la reverrais! Si les doux ac _ cords _____ de ta
pa _____ ce. Ciel! lei ri_ve_der potrò! Dal _ la ce _ tra tua _____ dolci

ni _____ en stim _ me dort an _____ mit milder Gluth; be_
ly _____ re, si tes ac _ cents _____ mé_lo_di_eux ap_
tuo _____ ni ar _ mo _ ni _ ci _____ fa ri_so_nar; con

zähmst _____ du der Ty_ran_nen entsetz_li_che Muth, wirst du aus je _ nem
pai _____ sent la fu _ reur des tyrans de ces lieux, _____ tu la ra_mè_ ne_
lor _____ tu do_me_ rai dei ti_ran_nii l fu_ ror; tu la ra _ ne_ con

Reich   mit ihr in Frie _ den zie _ hen, wirst du aus je _ nem
ras   du té_né_breux em_ pi _ re, tu la ra_mè_ ne_
lei   da quello spa _ zio in pa _ ce, cer_tou_sci_rai con

Reich   mit ihr in Frieden zie _____ hen.
ras   du ténébreux em _ pi _____ re.
lei   da quello spazio in pa _____ ce.

Attacca.

14. Recitativ.

Orpheus. **Amor.**

Wie, ich soll sie wie - der - sehn! Ja; doch ver-nimm vor-her, was
Dieux! je la re - ver - rais! Oui; mais pour lch - te - nir il
Ciel! lei ri - ve - der po - trò! Sì; ma sen - ti - prima, che gli

dir nach der Göt - ter Ge - heiss auf - er - legt zu thun und zu
faut te ré - sou - dre à rem - plir l'or - dre que je vais te pré -
Dei di sop - - por - tar è di fa - re or ti im -

Orpheus. **Amor.**

dul - den. O kein Befehl schreckt mich zu - rück, für sie be - steh ich je - de Prüfung. So
scri - re. Ah! qui pourrait me re - te - nir? A tout mon âme est pré - pa - ré - e. Ap -
pon-gono. Niun-lor vo-ler mi fa tre-mar; per lei ad o - gni pro - va reg-go. A -

hö - re was dir Zeus be - fiehlt: eh du die Er - de er - reichest, hü - te dich ei - nen
prends la vo - lon - té des dieux: sur cette a-mante a - do - ré - e gar - de - toi de por -
scol - ta che Gio - ve t'im - pon. Pria che la ter - ra tu toc-chi, non get - tar mai oc -

Blick auf die Gattin zu thun, sonst ver-wirkst du ihr Le - ben und ver - lierst sie auf e - wig.
ter un regard cu - ri - eux, ou de toi pour ja-mais tu la vois sé - pa - ré - e.
chia - ta sul - la tua spo - sa, se la vi - ta sua a - mi se non per - der - la vuoi.

So lautet das Ge_bot, so ver_langt es Zeus! Sei_ner Gnade bezeig'dich werth!
Tels sout de Ju_pi_ter les su_pre_mes dé'crits. Rends_toi di_gne de ses bien_faits!
Tal_mente Ei l'impon, e Gio_ve il vuol! Fat_ti de_gno del suo fa_vor.

15. Arie.

Lento e grazioso.

Amor.

Mit
*Sou_*
Gli

Freu_den den Wil_len der Güt_ter er_fül_len, vor ih_nen sich beu_
*mis au si_ len_ce, con_ trains ton dé_ sir,___ fais_toi ri_o_ len_*
*sguar_di trat_ tie_ ni, af_ fre_ ma gliac_ cen_ ti, ram_ men_ ta che pe_*

gen, und dul_den und schweigen be_glü_cket den Mann, und dul_den und
ce, bien_ tôt à ce prix tes tour_ments vont fi_ nir, bien_ tôt à ce
*ni, che po_ chi mo_ men_ ti hai tu da pe_ nar, che po_ chi mo_*

schweigen be_glücket den Mann.
prix tes tour_ments vont fi_ nir.
men_ti hai tu da pe_ nar.

Meno lento.

Soll süs_ses Ent_zücken dich
*Tu sais qu'un a_ mant di_*
Sai pur che ta_ lo_ra con_

p
p

Meno lento.

schweigen be - glü-cken den Mann,
prix les tour-ments vont fi - nir,
men - ti hai tu da pe - nar,

und dulden und schweigen be -
bien . . . tôt à ce prix les tour-
po - chi mo men - ti hai

glücken den Mann.
ments vont fi - nit.
tu da pe - nar.

Moderato.
Orpheus.

16. Recitativ.

Was sprach er?
Que sens-je?
Che dis - se!

hört' ich recht?
qu'a-t-il dit?
chiascol - tai!

Eu-ri - di-ce werde ich sehn,
Eu-ri-di-ce ti - ren!
Dunque Eu-ri-di-ce vi-vra,

die Meine nen-nen?
mon Eu-ri-di - ce!
l'a-vro pre-sen - te!

Doch dop-pelt Leiden
Un dieu clé-ment,
E do-poi tan-ti

wird mich er-fül-len
un dieu propi-ce
af - fan-ni mie-i,

in je-ner
me la ren-
in quel mo-

Stun - de,
dra!
men - to,

wenn ich, be-rau-schet vor
Mais quoi! je ne pour-
in quel-la guer - ra d'af -

Won - ne,
rai,
fet - ti,

auf sie nicht dürf - te
re-ve-nant à la
io non do-vrò mi -

lie _ ber will ich er _ lie _ gen den Ge_fah_ren, als län_ger sie missen!
mauxque jen _ du _ re. Dou _ ter de ton bienfait se _ rait le faire in_ju _ re.
è l'esser pri_vo dell' u _ ni _ co dell' al _ ma a _ ma _ to og _ get_to.

Götter, leiht mir eu_ren Schutz, ich wer _ de ge _ horchen!
C'enest fait, dieux puis_sants, j'ac_cep_te vo_tre loi!
As_si_ste_te_mi, o Dei, la leg _ ge ac _ cet_to!

𝄋 (Siehe Anhang.)

17. Arie.

Allegro maestoso.

Orpheus. **M**

Ent_flieht, ent _ _ flieht, all'ihr
A _ mour, viens rendre à mon
Ad _ dio, ad _ _ dio, o mici so_

gen, be_stehen je _ de _ Noth _ und Ge_fahr. Die
me, je vaisbra_cer, _ bra_cer le trê_pas. L'eu _
to, ed o_gni duo _ lo e pe _ ri _ glio sfi_dar. Ve _

Höl _ le will ich durchdringen, sie will ich durchdringen,
für en vain nous sé_pa_re, en vain nous se_pa_re,
der ben vo_glin_fer_no, ve _ der vo' l'in_fer_no,

des Or_kus Brut be _ zwingen, ich trotz' der gan _ zen
les monstres du tar_ta_re ne m'é_pou_van_tent
i_ fi_gli d'Or_co vin_cer, qui tut _ ti su_pe_

Schaar! Noch darf ich nicht ver _ za _ _ _ _
pas. Je sens crol_tre ma flam _ _ _ _
rar! Han _ pe_ne i miei de _ si _ _ _ _

cresc.

gen, ich trotz' der gan zen Schaar!
me, je cais bra ver le tré pas.
ri, quei tut ti vo' su pe rar!

flieht, ent flieht, all'ihr Kla gen, noch darf ich
mour, viens rendre à mon â me, ta plus ar
dio, ad dio, o miei so spi ri, han spe me i

nicht ver za gen, will Al les für sie wa gen, ich
den te flam me; pour cel le qui m'en flam me, je
miei de si ri; per lei sof frir vo' tut to, ed

gen, beste_hen je _ de Ge_fahr. Die Höl _ le will ich durch_
me, je vais bra_ver _ le tré_pas. L'en _ fer en vain nous sé_
_ to, ed o _ gni duo _ lo sfi _ dar. Ve _ der ben vo _ glio l'in_

drin_gen, sie will_ ich durch _ dringen,
pa _ ré, en vain nous sé _ pa _ ré,
fer _ no, ve _ der vo' l'in _ fer _ no,

des Or _ kus Brut be _ zwingen, ich
les mon_stres du tar _ ta _ re ne
i fi _ gli d'Or _ co vin _ cer, quei

trotz' der gan_zen Schaar! Noch darf ich nicht ver_
m'é _ pou_van_tent pas. Je sens croî _ tre ma
tut _ ti su_pe_rar, tut _ ti quei su_pe_

za _
flam _
rar,

gen, ich trotz' der
me, je rais bra_
tut _ ti, tut _ ti

cresc.   mf

gan _ zen, gan _ zen Schaar,
rer   le   tré _ pas,
quei   su _ pe _ rar;

ff

ich   trotz' der ganzen, gan_zen Schaar!
je'   rais bra_ver   le   tré _ pas.
vo'   tut _ ti quei su _ pe _ rar!

f

4340

Ende des ersten Actes.

18. Furientanz.

19. Chor.

20. Furientanz.

Vivace.

Attacca.

21. Chor.

Andante.
Soprano.

Wer ist der Sterb _ liche, der die _ ser Fin _ sterniss zu na _ hen

Alto.

Quel est l'au _ da _ ci _ eux qui dans ces som _ bres lieux o _ se por _

Tenor.

Chi mai dell' E _ re _ bo fral _ le ca _ li _ gi _ ni sull' or _ me

Basso.

Wer ist der Sterb _ liche, der die _ ser Fin _ sterniss zu na _ hen

Andante.

4540

Un poco lento. **22. Solo mit Chor.**

Orpheus.

schreck _ lichem Dro _ hen den Ein _ gang der Cer _ be _ rus

hur _ lement du Cer _ bère é _ cumant et ru _ gis _

ven _ ti _ no gli ur _ li di Cer _ be _ ro, seun Dio non

schreck _ lichem Dro _ hen den Ein _ gang der Cer _ be _ rus

Attacca.

Soprano. Alto.
wehrt.

Tenore.
sant!

Basso.

Ach, er _
Laisse' _
Deh! pla _

bar _ met er _ bar _ met euch mein!
vous tou cher par mes pleurs,
ca _ te _ vi con me!

Fu _ rien,
spec tres,
Fu rie,

Lar _ ven,
lar res,
lar ve,

Nein!
Non!
No!

nein!
non!
no!

23. Chor.

Animato.

was? Hier ist der Auf_enthalt furchtba_rer To_desangst,

qui? C'est le sé_jour affreux des remords dé_vorants,

che! Al_tro non a_bi_ta che lut_toe ge_mi_to,

was? Hier ist der Auf_enthalt furchtba_rer To_desangst,

Animato.

hier ist der Auf_ent_halt furcht_ba_rer To_desangst, hier tönt nur

c'est le sé_jour af_freux des re_mords dé_ro_rants et des ge_

al_tro non a_bi_ta che lut_to e ge_mi_to in quest'or_

hier ist der Auf_ent_halt furcht_ba_rer To_desangst, hier tönt nur

Klag_geschrej, hier herrscht nur Qual, hier herrscht nur Qual.

mis__se_ments et des tour_ments, et des tour_ments.

ri__bi_li so_glie fu_ne__ste.

Klag_geschrei, hier herrscht nur Qual, hier herrscht nur Qual.

24. Arie.

25. Chor.

27. Chor.

Hel_den ziehn, der uns be_zwang!   Lasst in die   Un _ terwelt

poco calando

en_chanteur, il est vainqueur.   Tout cede à la douceur

poco calando

li _ be _ ro   al vin _ ci _ tor;   eil pas _ so la _ _ sci _ no

poco calando

Hel_den ziehn, der uns be _ zwang!   Lasst in die   Un _ terwelt

N

poco calando

---

p

ru _ hig den Hel _ den ziehn,   der uns bezwang,

p

de son art en _ chanteur.   il est vainqueur,

si _ cu _ ro li _ be _ ro   al vin _ ci _ tor,   al vin _ ci _

p

ru _ hig den Hel _ den ziehn, der uns be _ zwang, der uns be _

pp   *pp*

---

pp

der uns be _ zwang,   der uns be _ zwang!

pp

il est rain _ queur,   il est rain _ queur.

pp

tor,   al vin _ ci _ tor,   al vin _ ci _ tor!

pp

zwang,   der uns be _ zwang,   der uns be _ zwang!

smorzando

28. Furientanz.

31. Ballet.

Dolce, con espressione.

Minore.

Da Capo al Fine.

4540

32. Arie mit Chor.

33. Arie.

Orpheus.

Welch' rei_ner Him___mel deckt die __sen
Quel nouveau ciel pa___re ces
Che pu_ro ciel, che chia_ro

Ort! Ein sanft'___res
lieux! Un jour plus
sol! che nuo___va

Licht strahlt mei_nem Blick; und
doux s'offre à mes yeux. Quels
lu___ce e que_sta und! che

4540

Andantino.

34. Chor.

35. Ballet.

4540

36. Recitativ und Chor.

Orpheus.

O sel' _ge, be_glückte Schatten, gebt sie, um die Ich kla _ ge, o gebt sie mir zu
_O vous, ombres que j'im _ plo _ re, hâ _ tez-vous de la rendre à mes embras _ se_
Oh voi, om _ bre fe _ li _ ci, quel la chiotan_to pian _ go, ren _ de _ te _ la a

rück! Könntet ihr je em _ pfinden, welch Feu _ er mich ver _ zeh _ ret, welch lie _ be _ vol_les
ments. _Ah! si vous re_sen _ tiez le feu qui me dé _ vo _ re, si vous é _ tiez aus_
miel Se voi sen_tir po _ te _ ste, qual fuo _ co mi con _ su _ mia, qual a _ mo _ ro _ so ar_

Seh _ nen mir die Brust durch _ glüht, längst wär' sie wie _ der mein, die Ge_lieb _ te, die
si de fi _ dè _ les a _ mants, j'au _ rais dé _ jà re _ ru la beau_té que j'a_
dor m'in_fiamma il me_sto cor, già mia sa _ ria da lun _ go l'a _ do _ ra _ ta con_

Hol _ de; gebt sie mir, gebt sie mir zu _ rück!
do _ re; hâ _ tez-vous de me rendre heu _ reux.
sur_te; deh, la bel_la si ren_da a me.

Soprano.

Alto.

Nun wohl_an! sie sei wie_der dein!

Tenore.

Le de _ stin ré _ pond à tes voeux.

Basso.

Il de _ stin ri _ spon_de a che vuoi.

Nun wohl_an! sie sei wie_der dein!

37. Chor.

Andantino.

Soprano.
Aus dem Reich be _ glückter

Alto.
Près du tendre ob _ jet qu'on

Tenore.
Tor _ na,o bel _ la,al tuo con _

Basso.
Aus dem Reich be _ glück _ ter

Andantino.
dolce, sotto voce

Schat _ ten komm zu _ rück zu dei _ nem Gat _ ten, lass ihn

ai _ me on jou _ it du bien su _ prê _ me, goû _ tez

sor _ te, che non vuol, che più di _ vi _ so sia _ da

Schat _ ten komm zu _ rück zu dei _ nem Gat _ ten, lass ihn

dei _ nes Blicks sich freun! Se _ lig _ keit wird dir auf's

le sort le plus doux. Fa re _ naî _ tre pour Or _

te, pie _ to _ so il ciel. Non la guar _ ti di tua

dei _ nes Blicks sich freun! Se _ lig _ keit wird dir auf's

Ende des zweiten Actes.

Act III.

38. Recitativ.

Euridice.

hei _ ssen Thränen, ga _ ben dich die Göt _ ter mir wie _ der. Wie, ich
deur fi _ dè _ le, Ju _ pi _ ter au jour te rap _ pel _ le. Quoi! je
mio si mon_ster, es _ si te a _ me dier di _ mio _ vo. Che? vn'

Orpheus. A

leb', ich bin dein? Gro_sse Göt _ ter, welch ein Glück! Fol_ge mir, Eu_ri_di_ce! lass uns
ris, et pour toi! Ah! grands dieux, quel bonheur! Eu_ri _ di _ ce, suis_moi. pro_fi_
io, io son tua? Gran_di Nu _ mi, bea _ ta _ me! Vien con _ me, o di _ let_ta; via, an_

ei _ len, so lang der Göt _ ter Gunst uns blei_bet; lass_flie_hen uns den Ort de
tons sans re_tard de la fa_veur cé _ le _ ste; sor_tons, fuy_ons ce lieu fu
dia _ mo, fiu _ chè i Nu _ mi ci pro _ teg_gon; fug _ gia_mo noi dal luo _ gc

To_des! Nicht mehr bist du ein Schatten, und A _ mor will uns ver _ ei _ nen zu e _ wig währen_dem
ne _ ste. Non, tu n'es plus une om_bre. et le dieu des a_mours va nous ré _ u _ nir pour tou
seu rol Non più sei tu un' om_bra; A _ mo _ re ci vuole u _ ni _ re a som_ma fe _ li _ ci_

Euridice.

Glück. Was hör' ich? so wär's kein Traum? o se _ li_ges Ent _ zücken! Mein Orpheus, e _ wig
jours. Qu'entends_je? ah! se peut _ il? Heu_reu_se de_sti _ né _ e! Eh quoi, nous pour_
ta. Oh Nu _ mi! che ver ciò sia? oh e_sta_si ce _ le_stel Mio ca_ro, ma a_

pp

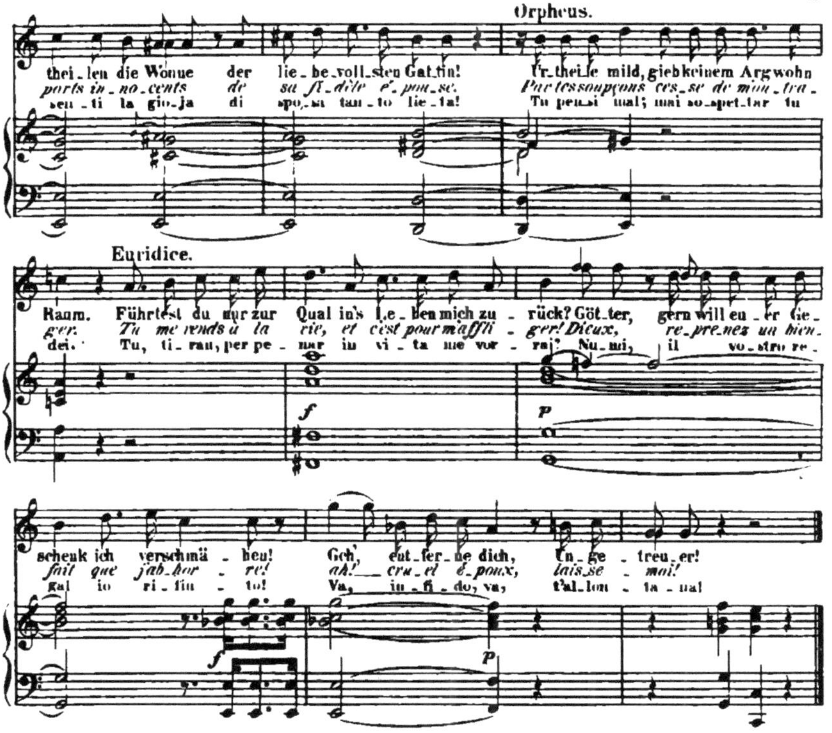
Orpheus.
theilen die Wonne der liebevollsten Gattin!
parts innocents de sa fidèle épouse.
senti la gioja di sposa tanto lieta!
Urtheile mild, gieb keinem Argwohn
Par tes soupçons cesse de montrer
Tu pensi mal; mai sospettar tu
Euridice.
Raum. Führtest du nur zur Qual in's Leben mich zurück? Götter, gern will euer Geschenk ich verschmähen!
ger. Tu me rends à la vie, et c'est pour m'affliger! Dieux, reprenez un bienfait que j'abhorre!
dei. Tu, tiranno, per penar in vita me vorrai? Numi, il vostro regal io rifiuto!
Geh, entferne dich, Ungetreuer!
ah! cruel époux, laisse moi!
Va, infido, va, t'allontana!
f
p

39. Duett.

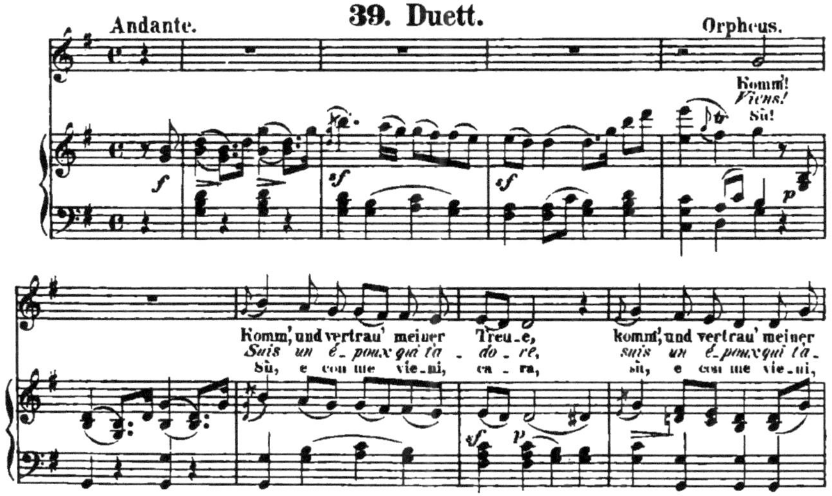
Andante.
Orpheus.
Komm!
Viens!
Sù!
Komm, und vertrau' meiner Treue, komm, und vertrau' meiner
Suis un époux qui t'adore, suis un époux qui t'a-
Sù, e con me vieni, cara, sù, e con me vieni,
f
sf
p

(Più lento.)

(Più lento.)

die ihr ge — währt; doch der Schmerz,der sie be — glei — tet, doch der
roy — ez mes pleurs! Quelstour—ments in—sup—por — ta — bles,quelstour—
die de — ste voi; ma il do — lor, con cui sen vie — ne, ma il do—

währt; doch der Schmerz,der sie be — glei — tet, doch der
pleurs; Quelstour—ments in—sup—por — ta — bles,quelstour—
voi; — ma il do — lor, con cui sen vie — ne, ma il do—

Schmerz,der sie be — glei — tet, wird mich bald dem To — de weihn,
ments in—sup—por — ta — bles mé — lez — rous à vos fa — reurs?
lor, con cui sen vie — ne, ein — sof — fri—bi — le per me;

Schmerz,der sie be — glei — tet, wird mich bald dem To — de weihn, wird mich
ments in—sup—por — ta — bles mé — lez — rous à vos fa — reurs? Quelles ri—
lor, con cui sen vie — ne, ein — sof — fri—bi — le per me; ma quel do—

wird mich bald, wird mich bald dem To—de weihn, mich bald dem To—de mich
Quelles ri — gueurs, mé—lez—rous à vos fa—reurs, quelles rigueurs mé—lez—
ma quel do — lor— ein—sof—fri—bi—le per me, ma quel do—lor ein—sof—

bald, wird mich bald dem To—de weihn, mich bald dem To—de mich
gueurs, mé—lez—rous à vos fa—reurs, quelles rigueurs mé—lez—
lor— ein—sof—fri—bi—le per me, ma quel do—lor ein—sof—

bald dem To—de weihn,
rous à vos fa—reurs?
fri—bi—le per me.

bald dem To—de weihn,
rous à vos fa—reurs?
fri—bi—le per me.

4530

40. Recitativ.

Allegro.

Euridice.

Ach, wa_rum bleibet er in die_sem starren
Mais dois rient qu'il per_siste à gar_der le si
Ah, do_vess'io sa_per, per_chè ei ta_ce

Moderato.

Schweigen? welch' Ge_heim_niss birgt sein Herz?
ten _ ce? Quels se_crets veut_il me cacher?
tan_to? qual se_gre_to tien in cor?

Hätt' er nur mich ent_führt aus der fried_li_chen Ruh, dass ich er _
Au se_jour du re_pos de_rait_il m'ar_ra_cher? pour m'ac_cu_
Mi a_vrà tol_ta mai da quel luo_go lag_giù, per far sen

führ, wie kalt er ist, wie fühl_los? O welch' grau_sa_mes Loos! Schon
bler de son in_dif_fé_ren_ce? Oh de_stin ri_gou_reux! Ma
tir _ me, quant'è cru_de_le! Oh av_ver_so de_stin! Sen

schwinden mei_ne Kräf_te, und mei_nem trü_ben Blick ver _
for_ce m'a_ban_don_ne, le voi_le de la mort re _
van le for_ze tut_te; lo sguar_do vi_vo mio

Allegro moderato.

dunkelt sich das Licht!   Ich er‿beb',   seufze schwer;   banges Schaudern
tombe sur mes yeux!   *Je frémis,*   *je languis,*   *je frisson‿ne,*
sen‿to far‿si gia.   *Io tre‿mar,*   *si tre‿mar...*   *tut‿ta de‿vo*

pp

erfasst mich;   mir wird kalt...   des Herzens Schlä‿ge er‿
je trem‿ble,   *je pâ‿lis,*   *mon coeur pal‿pi‿te, un*
nel co‿re.   *Stommi qui...*   *di pau‿ra pie‿na, bat‿*

tö‿‿nen von Angst‿‿be‿dräng‿niss;   mäch‿tig
trou‿‿ble se‿cret ma‿gi‿‿te,   *tous mes*
ten‿‿do il cor ap‿pe‿‿na.   *Par‿mi*

cresc.

greift mich des To‿‿des Wahn... ich un‿ter‿lie‿ge meinem Schmerz.
sens sont sai‿sis d'hor‿reur, et je suc‿combe à ma dou‿leur.
chio ad un trop‿‿po duol soccomber deg‿gia, ah! mo‿rir.

f

41. Arie und Duett.

Allegro.

f

Euridice.

Welch'grau_sa_me Wand ____ luung, vom Frie _ den des To _
For_tune en_ne_mi ____ e, *quelle bar_ba _ ri _*
Che fie _ ro mo_ men _ to, che bar _ ba _ ra sor_

Lento. **Allegro.**

desi hin _ ü _ ber in's Le _ ben voll Qua_len zu gehn! Welch grau_sa_me
e! *ne me_rends_tu la ci _ e que pour les tour_ments? For_tune en_ne_*
te, pas_sar dal_la mor_te a tan_to do _ lor! Che fie _ ro mo_

Wand ____ lung, vom Frie_den des To ____ des hin _ ü _ ber in's
mi ____ e, *quelle bar_ba _ ri ____ e!* *ne me_rends_tu la*
mien ____ to, che bar _ ba_ra sor ____ te, pas_sar dal_la

cresc. *f*

Le _ ben voll Qua_len zu gehn, hin _ ü _ ber in's Le _ ben voll Qua_
ti _ e que pour les tourments, *ne me_rends_tu la ci _ e que pour_*
mor_te a tan_to do_lor, pas_sar dal_la mor _ te a tan_

4540

Duo.
Andante.

Rings war ich von Won_ne der Sel'_gen um_
Je goû_tais les charmes d'un re_pos sans a_
Orpheus Av_vez zo al con_ten_to d'un pla_ci_do ob_

Andante.

poco f

Wie erhöht mei_ne Qual
Ses in_ju_ster soup_çons
Qual do_lor al mio cor

ge_ben, der Se_li_gen um_ge_ben, und
lar_mes, d'un re_pos sans a_lar_mes, le
bli_o, d'un pla_ci_do ob_bli_o, fra

ihr schreckli_cher Ver_dacht! Was
re_dou_blent mes tourments. Que
il grau_te_mer che fa! Che

glaub_te, das E_leud, und glaub_te, das
trou_ble, les lar_mes rem_plis_sent au_jour
que_ste tem_pe_ste, fra que_ste tem

sag' ich? was thu' ich?
di_re? que fai_re?
di_re? che fa_re?

wie _ der zu sehn. Ich er _ be _ be, ich
reux mo _ ments. *Je fris _ son _ ne,* *je*
per _ de il mio cor. Io va _ cil _ lo, io

Wie bin ich zu be _ kla _
Que mon sort est à plain _
Quanto sou _ da com _ pian _

rinf.

wan _ ke, ich er _ be _ be, ich wan _ ke.
trem _ ble, je fris son _ ne, je trem _ ble.
tre _ mo, io va _ cil _ lo, io tre _ mo.

_ gen! Nicht mehr kann ich's er _ tra _ gen!
_ dre! Je ne puis me con _ train _ dre!
_ ger! Non più pos _ so sof _ fri _ re!

p   pp

p   pp

Andante. **Euridice.**

Welch' grausa _ me Wandlung, welch' grau _ same Wandlung,
For _ tune en _ ne _ mi _ e, ah! quelle barba ri _ e!
Che fie _ ro mo _ men _ to, che bar _ bara sor _ te,

fp   *fp*   *fp*

fp   *fp*

Allegro.

vom To _ de ins Le _ ben voll Qua _ len zu gehn! Welch grau sa _ me Wand _
ne me rends tu la ri _ e que pour les tour _ ments? For _ tune en _ ne _ mi _
pas _ sar dal la mor _ te a tan _ to do _ lor! Che fie _ ro mo _ men _

fp   *poco f*

fp   *fp*

42. Recitativ.

4340

Euridice.

Mein Or — pheus! Ich sink, ich ster-be...
Or-phe — e! oh ciel! je meurs...
Io ca — do, mio ben, e muo-jo...

lieb-te Eu-ri-di-ce...
chère Eu-ri-di-ce...
ma-ta, ca-ra spo-sa...

Ach, was hab ich gethan? Wozu
Malheureux que ai je fait? et dans
Che ho fat-to io? Do-ve

Lento.

trieb mich die Lie-be, wo-zu trieb mich das Her-ze-leid?
quel pré-ci-pi-ce m'a plon-gé mon fu-neste a-mour?
mai quest'a-mo-re, do-ve spin-sem il pian-to suo?

Allegro.

Theure Gat-tin! Eu-ri-di-ce!
Chère é-pou-se! Eu-ri-di-ce!
Ca-ra spo-sa! Eu-ri-di-ce!

Euri-di-ce! Hol-de Gat-tin!
Eu-ri-di-ce! Chère é-pou-se!
Eu-ri-di-ce! Ah di-let-ta!

Ach, sie hört nicht mein Flehn; ach sie kehrt nicht zu-rück!
El-le ne m'entend plus, je la perds sans re-tour.
Ah, non più m'o-de lei; morta è di do-lor.

ich selbst, ich selbst hab' sie dem Tod geweiht; mehr als
C'est moi, c'est moi qui lui ra_vis le jour, loi fu_
Son' io, son' io, le die_di io la morte; quanto

je_mals fühl' ich mich e_lend; mein Schmerz ist oh_ne Gren_zen!
ta_le! cru_el re_mords! ma peine est sans é_ga_le.
quan_to _gra_zia_to so_no! il duol mio dir non pos_sol

In dieser Schreckensstunde bleibt mir nichts mehr, als nur der Tod, der Al_les sühnet.
Dans ce moment fu_neste le dé_se_spoir, la mort est tout ce qui me re_ste.
In tal ter_ri_bil o_ra mi re_sta sol del morir la via; e tut_to cessa.

43. Arie.

Andante con moto.

Orpheus.

Ach, ich ha_be sie ver_lo_ren, all' mein Glück ist nun da_
J'ai per_du mon Eu_ri_di_ce, rien né_ga_le mon mal_
Che fa_rò senza Eu_ri_di_ce, dove an_drò senza il mio

4340

Glück ist nun da _ hin! wär' o wär' ich nie ge _ bo _ ren, weh, dass
gr _ le mon mal _ heur; sort cru _ el! quel _ le ri _ gueur! rien n'
dro senza il mio ben? che fa _ rò, _ do _ vean _ dro, che fa

Moderato.

ich auf Er _ den bin, weh, dass ich auf Er _ den bin! Eu _ ri _ ce, Eu _ ri
gr _ le mon mal _ heur! je suc _ combe à ma dou _ leur! Eu _ ri _ ce, Eu _ ri
rò senza il mio ben? do _ vean _ dro senza il mio ben? Eu _ ri _ ce, Eu _ ri

Adagio.

di _ ce! ach, ver _ ge _ bens! Ruh und Hoff _ nung, Trost des
di _ ce! Mortel si _ len _ ce! Vaine es _ pé _ ran _ ce! Quel _ le souf
di _ ce! Ah! non m'a _ van _ za piu soc _ cor _ so, piu spe

Tempo I.

Le _ bens ist nun nirgends mehr für mich! Ach, ich ha _ be sie ver _
fran _ ce! Quel tour _ ment dé _ chi _ re mon cœur! J'ai per _ du mon Eu _ ri
ran _ za ne dal mon _ do, ne dal ciel! Che fa _ rò senza Eu _ ri

lo _ ren, all mein Glück ist nun da _ hin! wär' o wär' ich nie ge
di _ ce, rien ne ga _ le mon mal _ heur; sort cru _ el! quel _ le ri
di _ ce, do _ vean _ dro senza il mio ben? che fa _ rò do _ vean _

44. Recitativ.

Orpheus.

So mag der tie_fe Schmerz mit mei_nem Le_beu en_den! Nicht ü_berwind'ich
Ah! puis_se ma dou_leur fi_nir a_vec ma ri_e! Je ne sur_vi_crai
Il duol del cuo_re mio col vi_ver mio fi_ni_sca! No, for_za tal non

du, was er drei-stest du dich, auf zu hal-ten den Streich, der mein Lei-den be-en-det?
ciel! Qui pourrait en ce jour re-te-nir le transport de mon âme é-ga-ré-e?
tu, che ar-di-sci tu mai, il gran col-po fer-mar, fin di tan-ti do-lo-ri?

Amor.

Zäh-me dei-ne Wuth, du Be-thör-ter! halt ein und sieh in mir den Gott, der
Cal-me ta fu-reur in-sen-sé-e; ar-rête, et re-connais l'amour qui
Fre-na, fre-na tu, in-sen-sa-to, quel dir; io son per te il Dio, che

Orpheus.   Amor.

ü-ber deine We-ge wa-chet! Sag, was be-geh-rest du? Ge-nug hat dei-ne Treu sich er-
veil-le sur ta desti-né-e. Que xi-gez-vous de moi? Tu viens de me prouver ta con-
o-gni tua a-zio-ne ve-glia. Or di il tuo vo-ler! Di tua co-stan-za pro-va mag-

probt und be-währt; da-rum soll nun dein Lei-den sich en-den. Eu-ri-
stance et ta foi; je vais fai-re ces-ser ton mar-ty-re. Eu-ri-
gior non vo-glio, e fi-nir quin-di deeil tuo sof-fri-re. Eu-ri-

di-ce! er-wachet! Der so in-nig dich liebt, ihm gieb der Treue
di-ce! re-spi-re! Du plus fidèle é-poux riens couronner les
di-ce! re-spi-ra! Ricompensa co-lui, l'uo-mo di tanta

4340

Orpheus. **Euridice.** **Orpheus.**

Lohn. Ach, Eu.ri.di _ ce! Mein Orpheus! All _ güt'ge Güt _ ter, wie sol _ len wir euch würdig
feux. Mon Eu _ ri.di _ ce! Or _ phé _ e! Ah! justes dieux! quell'est notre re _ connais _
fe. Ah mia consor _ te! Mio spo _ so! Qual grazia Nu _ mi! co _ pio _ se grazie a voi ren _

danken! So zweifelt nie an meiner Macht! Kommt mit zur O _ ber _ welt aus die.sem Ort der
san _ ce! Ne doutez plus de ma puis _ sance! Je viens vous re _ ti _ rer de cet affreux sé _
dia _ mo! Dubbiar po.tre _ te voi di me? U _ sciam di qua; or _ via, andiam,andiam las _

Amor.

Nacht, und geniesst nun auf e _ wig der Lie _ be Se _ lig _ keit!
jour, jou _ is _ sez dé _ sor _ mais des plai _ sirs de la _ mour!
sin, e go _ dre _ te per sem _ pre le gio _ je dell' a _ mor!

45. Chor mit abwechselndem Solo.

Allegro leggiero.

Ped. +

p

f

A _ mor, und Al _ les was da le _ bet, schmück' der Schön _ heit Göt _ ter _ al _ tar; ja, wen sie be _ glü _ cket, wen sie ent _ zü _ cket, bringet zum Opfer gern sein Herz ihr dar, brin _ get zum O _ pfer gern sein Herz ihr dar.

om _ phe et tout ce qui re _ spi _ re sert l'em _ pi _ re de la beau _ té; sa chaîne a _ gré _ a _ ble est pré _ fé _ ra _ ble. est pré _ fé _ rable à la li _ ber _ té, est pré _ fé _ ra _ ble à la li _ ber _ té.

mo _ re, e il mondo serva in _ tie _ ro all' im _ pe _ ro del _ la bel _ tà. Di su _ a ca _ te _ na tal vol _ ta a _ mo _ ra, mai fu più ca _ ra la li _ ber _ tà, mai fu più ca _ ra la li _ ber _ tà.

A _ mor, und Al _ les was da le _ bet, schmück' der Schön _ heit Göt _ ter _ al _ tar; ja, wen sie be _ glü _ cket, wen sie ent _ zü _ cket, brin _ get zum O _ pfer gern sein Herz ihr dar.

E Euridice.

Ei_fersucht schlägt oft her_be Wunden, doch zur Treu'führt stets sie zu_rück;
Si la cru_el_le ja_lou_si_e a trou_blé mes ten_dres dé_sirs,
La ge_lo_si_a strugge e di_vo_ra, ma ri_sto_ra la fe_del_ta.

Arg_wohn, den das Herz hat em_pfun_den, mehrt, ent_flie_hend,der
les dou_ceurs dont elle est sui_vi_e, sont des chai_nes
Quel so_spet_to che il cuo_re tor_men_ta, al fin di_ven_ta fe_

Lie_be Glück, mehrt,ent_flie_hend,der Lie_be Glück.
de plai_sirs, sont des chai_nes de plai_sirs.
li_ci_ta, al fin di_ven_ta fe_li_ci_ta.

F

Tri_umph sei A_mor,und Al_les was da
*L'a_mour tri_omphe et tout ce qui re_*
Tri_on_fi A_mo_re,e il mondo serva in_

Tri_umph sei A_mor, und Al_les was da

F

umph sei A_mor,und Al_les was da le_bet, schmück' der

mour tri_om_phe et tout ce qui re_spi_re sert l'em_

on_fi A_mo_re, e il mondo serva in_tie_ro all'_im_

umph sei A_mor,und Al_les was da le_bet, schmück' der

Schön_heit Göt_ter_al_tar, schmück' der Schön_heit

pi_re de la beau_té, sert l'em_pi_re

pe_ro del_la bel_tà, all'_im_pe_ro

Schön_heit Göt_ter_al_tar, schmück' der Schön_heit

Göt_ter_al_tar, schmück' der Schön_heit Göt_ter_al_tar.

de la beau_té, sert l'em_pi_re de la beau_té.

del_la bel_tà, all'_im_pe_ro del_la bel_tà.

Göt_ter_al_tar, schmück' der Schön_heit Göt_ter_al_tar.

46. Ballet.

47. Gavotte.

Maggiore.

Minore.

Fine.

1. 2.

Dal Segno al Fine.

Vivace. **48. Ballet.**

H

4540

49. Menuett.

Grazioso.

staccato

50. Terzett.

Andante.

Euridice.

Sü‿sse Lie‿be, deine Fes‿seln sinddem
Tendre a‿mour que tes chai‿nes ont de
Gau‿dio, gau‿dio soual euo‿re, giusto

Her‿zenSe‿lig‿keit, sinddem Her‿zen Se‿ligkeit! Sü‿sse
char‿mes pour nos cœurs, ont de char‿mes pour nos cœurs! Tendre a‿
pe‿ne dell' a‿mor, queste pe‿ne dell' a‿mor. Tu, a‿

Orpheus.

Lie‿be, welche Won‿ne mischest du in's her‿be Leid, mischest
mour,‿ à les pei‿nes que tu mê‿les de douceurs, que tu
mo‿re, qual piu‿ce‿re mischi fra af‿fan‿no tai, mischi

du in's her‿be Leid! Der Lie‿be Kummer weicht zu‿rück vor
mê‿les de douceurs! Je dé‿dommu‿ge tous les cœurs par
fra af‿fau‿no tai. Di duol spu‿ri‿sce qual si sia par

Amor.

mei‿ner Gunst, im Au‿gen‿blick, vor mei‿ner Gunst im Au‿gen
un in‿stant de mes‿ fa‿veurs, par un in‿stant de mes fa‿
ou‿bra, se lo vo‿glio io, par ou‿bra, se lo vo‿glio

4540

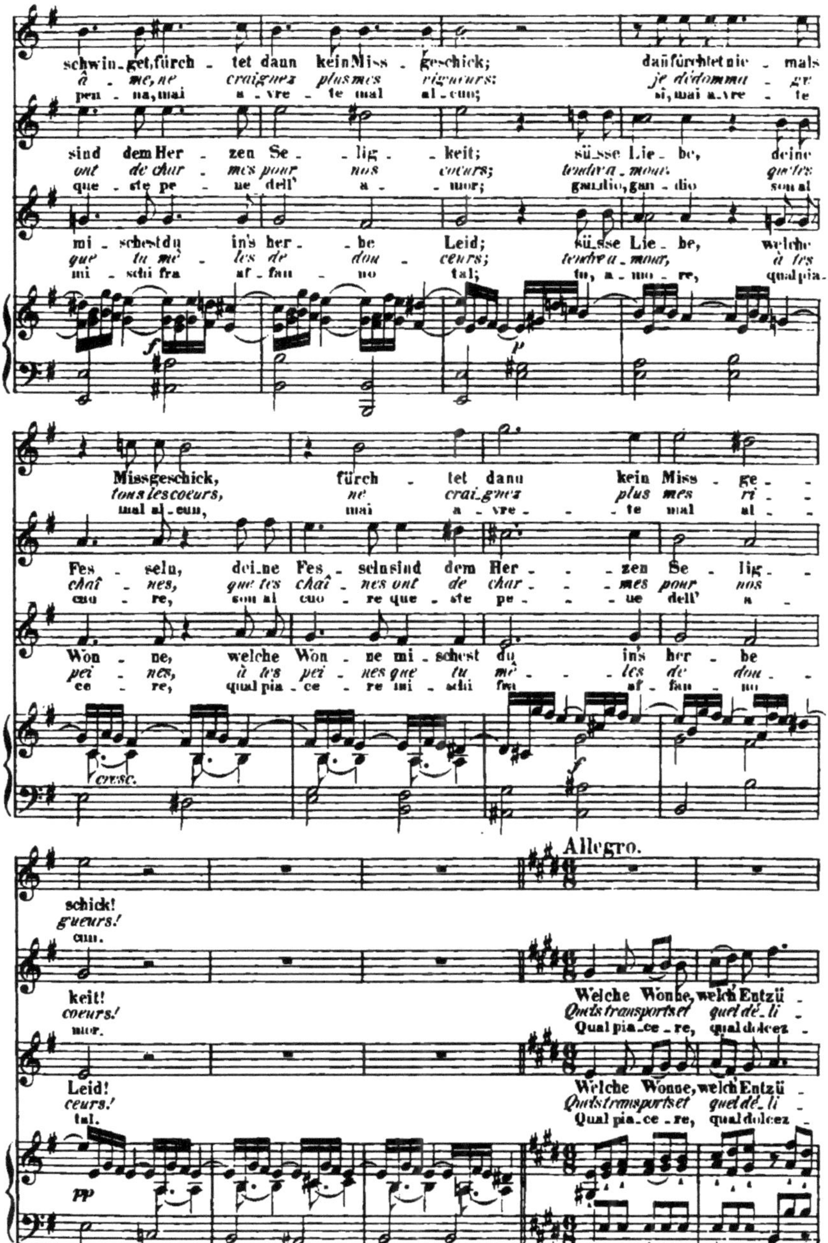
schwin_get,fürch _ tet dann kein Miss _ geschick; daß fürchtet nie _ mals
â _ me, ne craignez plus mes rigueurs: je dédomma _ ge
pen _ na, mai a _ vre _ te mal al _ cun; si, mai a_vre _ te
sind dem Her _ zen Se _ lig _ keit; süsse Lie _ be, deine
ont de char _ mes pour nos coeurs; tendre a _ mour, quetes
que _ ste pe _ ne dell' a _ mor; gaudio, gau _ dio son al
mi _ schest du in's her _ be Leid; süsse Lie _ be, welche
que tu mê _ les de dou _ ceurs; tendre a _ mour, à tes
mi _ schi fra af _ fan _ no tal; tu, a _ mo _ re, qual pia_
Missgeschick, fürch _ tet dann kein Miss _ ge _
tous les coeurs, ne crai_gnez plus mes ri _
mal al_cun, mai a _ vre _ te mal al _
Fes _ seln, dei_ne Fes _ seln sind dem Her _ zen Se _ lig _
chaî _ nes, que tes chaî _ nes ont de char _ mes pour nos
cuo _ re, son al cuo _ re que _ ste pe _ ne dell' a _
Won _ ne, welche Won _ ne mi _ schest du in's her _ be
pei _ nes, à tes pei _ nes que tu mê _ les de dou _
ce _ re, qual pia _ ce _ re mi _ schi fra af _ fan _ no
schick!
gueurs!
cun.
keit!
coeurs!
mor.
Leid!
ceurs!
tal.
Allegro.
Welche Wonne, welch Entzü _
Quels transports et quel dé _ li _
Qual pia_ce _ re, qual dolcez _
Welche Wonne, welch Entzü _
Quels transports et quel dé _ li _
Qual pia_ce _ re, qual dolcez _

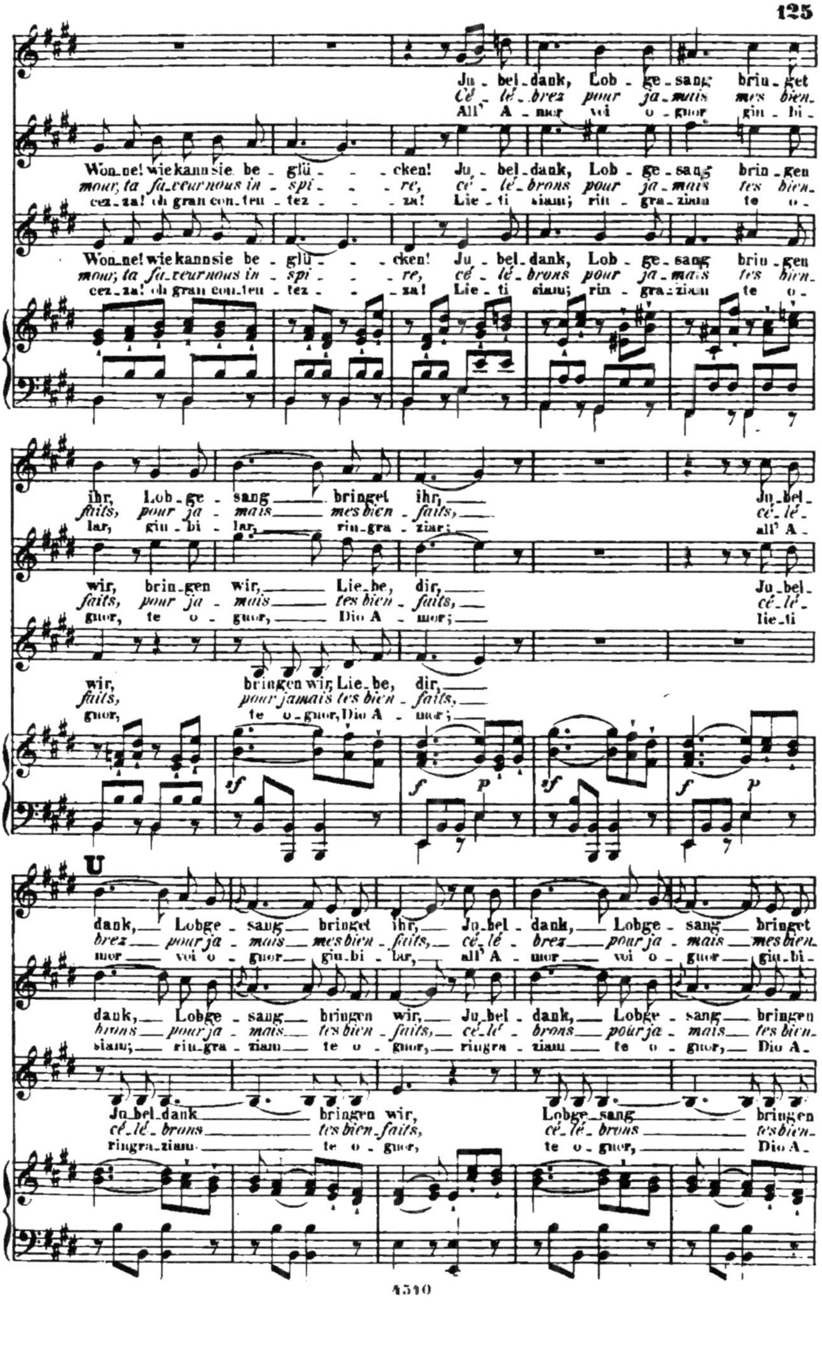
Ju _ bel _ dank, Lob _ ge _ sang brin _ get
Cé _ lé _ brez pour ja _ mais mes bien_
All' A _ mor voi o _ gnor giu _ bi_
Won _ ne! wie kann sie be _ glü _ _ _ cken! Ju _ bel _ dank, Lob _ ge _ sang brin _ gen
mour, ta fa _ veur nous in _ spi _ _ _ re, cé _ lé _ brons pour ja _ mais tes bien_
cez _ za! oh gran con _ ten _ tez _ _ _ za! Lie _ ti siam; rin _ gra _ ziam te o_
Won _ ne! wie kann sie be _ glü _ _ _ cken! Ju _ bel _ dank, Lob _ ge _ sang brin _ gen
mour, ta fa _ veur nous in _ spi _ _ _ re, cé _ lé _ brons pour ja _ mais tes bien_
cez _ za! oh gran con _ ten _ tez _ _ _ za! Lie _ ti siam; rin _ gra _ ziam te o_
ihr, Lob _ ge _ sang bringet ihr, Ju _ bel_
faits, pour ja _ mais mes bien _ faits, cé _ lé_
lar, giu _ bi _ lar, rin _ gra _ ziar; all' A_
wir, brin _ gen wir, Lie _ be, dir, Ju _ bel_
faits, pour ja _ mais tes bien _ faits, cé _ lé_
gnor, te o _ gnor, Dio A _ mor; lie _ ti
wir, bringen wir, Lie _ be, dir,
faits, pour jamais tes bien _ faits,
gnor, te o _ gnor, Dio A _ mor;
sf f p sf f p
U
dank, Lobge _ sang bringet ihr, Ju _ bel _ dank, Lobge _ sang bringet
brez pour ja _ mais mes bien _ faits, cé _ lé _ brez pour ja _ mais mes bien_
mor voi o _ gnor giu _ bi _ lar, all' A _ mor voi o _ gnor giu _ bi_
dank, Lobge _ sang bringen wir, Ju _ bel _ dank, Lobge _ sang bringen
brons pour ja _ mais tes bien _ faits, cé _ lé _ brons pour ja _ mais tes bien_
siam; rin _ gra _ ziam te o _ gnor, ringra _ ziam te o _ gnor, Dio A_
Ju _ bel _ dank bringen wir, Lobge _ sang bringen
cé _ lé _ brons tes bien _ faits, cé _ lé _ brons tes bien_
ringra _ ziam te o _ gnor, te o _ gnor, Dio A_

51. Ballet.

Maestoso.

p leggiero

52. Ballet.

Molto lento.

V

53. Chaconne.

Anhang.

I. Nachspiel zum Recitativ № 16,

falls die Arie von Bertoni (№ 17) wegbleiben soll.

(Siehe Seite 30 Tact 6.)

Ende des ersten Actes.

II. Ballet.

Fine.

Dal Segno al Fine.